Vorwort

Die kalte Zeit hat sich verabschiedet, der Sommer steht vor der Tür. Mit erfrischenden Backrezepten läuten wir ihn ein.
Diese Rezepte sind auf dem neuen Thermomix TM5 abgestimmt, können aber auch auf die anderen Thermomix Geräte abgewandelt werden.
Ich wünsche Ihnen viel Spaß beim Nachzaubern.

Inhaltsangabe

Milchreis
Haselnusspudding
Süße Habanero Sauce
Grüne Paprika Sauce
BBQ Sauce
Zitronen Curd
Bananen Curd
Johannisbeere Curd
Waldmeister Curd
Chili Schokoladen Curd
Himbeere Bananen Marmelade
Avocado Aprikosen Marmelade
Granatapfel Rotwein Marmelade
Schoko Kirsch Marmelade
Erdbeere Eierlikör Marmelade
Weißwein Gelee
Apfel Gelee
Tomaten Basilikum Gelee
Eierpunsch

Nachtrag zum Impressum/
Copyright

Eierlikör Kuchen

Zutaten
120 g Mehl
140 g Speisestärke
1 Pck. Backpulver
5 Eier
250 g Zucker
1 Pck. Vanillezucker
300 g Eierlikör
250 g Speiseöl
1 Prise Zimt

Zubereitung
Alle Zutaten in den Mixtopf einwiegen und auf Stufe 5/ 1
Minute mixen. Eine Kuchenform ausfetten und den Teig
hinein geben. Ca. 1 Stunde bei 180 Grad backen.

Zitronen Kuchen

Zutaten
Teig
350 g Butter, weich
350 g Zucker
6 Eier
Saft einer Bio Zitrone
Schale einer Bio Zitrone
1 Pck. Vanillezucker
1 Pck. Backpulver
1 Fläschchen Backaroma Zitrone
350 g Mehl

Belag
1 Pck. Puderzucker
etwas Zitronensaft

Zubereitung
Butter, Zucker und Eier in den Mixtopf geben und auf
Stufe 5/ 30 Sekunden schaumig rühren. Nun die übrigen
Zutaten für den Teig hinzugeben und auf höchster Stufe
nochmals 30 Sekunden mixen. Den Teig auf ein mit
Backpapier belegtes Blech schütten. Bei 180 Grad ca. 40
Minuten backen. Den Puderzucker mit etwas Zitronensaft
anrühren und den Kuchen damit glasieren.

Birnen Gugelhupf

Zutaten
100 g Haselnüsse, gemahlen
100 g Schokostreusel
200 g Birnen in Stücken
120 g Butter
5 Eier
1 Pck. Backpulver
130 g Mehl
1 Prise Zimt
1 Prise Muskat
200 g Milch
150 g Zucker

Zubereitung

Die Birnen in den Mixtopf geben und 15 Sekunden/ Stufe 5 zerkleinern. Nun die übrigen Zutaten hinzugeben und 50 Sekunden auf Stufe 5 verrühren. Eine Gugelhupfform einfetten und den Teig hineinfüllen. Bei 180 Grad ca. 1 Stunde backen.

Kokos Kuchen

Zutaten
Teig
250 g Sahne
180 g Zucker
250 g Mehl
1 Backpulver
Saft einer Zitrone
4 Eier
1 Prise Salz
1 Vanillezucker

Belag
150 g weiche Butter
180 g Zucker
1 Vanillezucker
100 g Kokosraspeln

Zubereitung
Alle Zutaten in den Mixtopf geben und 2 Minuten auf
Teigstufe glatt rühren. Den Teig auf ein mit Backpapier
ausgelegtes Bleck schütten und ca. 15 Minuten auf Ober-
und Unterhitze bei 180 Grad backen.
Nun die Zutaten für den Belag in den ausgespülten
Mixtopf geben. Auf Stufe 3 / 45 Sekunden verrühren.
Auf den Kuchen geben und nochmals 10 Minuten backen.

Mandarinen Käsekuchen

Zutaten
Teig
150 g Butter
200 g Zucker
1 Ei
400 g Mehl
1 Pck. Backpulver

Belag

150 g Öl
200 g Zucker
5 Eier
500ml Milch
2 Pck. Puddingpulver Vanille
1kg Quark
3 kleine Dosen Mandarinen
2 Pck. Tortenguss klar

Zubereitung

Die Teigzutaten in den Mixtopf geben. Auf Stufe 5/1
Minute zu einem krümeligen Teig verarbeiten. Den Teig
auf ein gefettetes Backblech geben und festdrücken.

Nun alle Zutaten für den Belag , außer den Tortenguss
und die abgetropften Mandarinen in den ausgespülten
Mixtopf geben. Auf Stufe 5 / 2 Minuten vermischen. Die
Masse auf den Teig geben. Die Mandarinen ansprechend
auf die Masse verteilen. Das Ganze bei 180 Grad Ober-
und Unterhitze 60 Minuten backen. Den Tortenguss nach
Packungsanleitung zubereiten und auf dem Kuchen
verteilen.

Buttermilch Waffeln

Zutaten
150 g Butter
100 g Zucker
1 Pck. Vanillezucker
1 Prise Salz
5 Eier
280 g Mehl
1 TL Backpulver
125 g Buttermilch
1 EL Zitronensaft

Zubereitung
Das Waffeleisen vorheizen und mit Öl einpinseln. Alle
Zutaten in den Mixtopf geben und auf Stufe 5/ 1 Minute
mixen. Den Teig löffelweise in das Waffeleisen geben
und nach und nach ausbacken.

Apfel Muffins

Zutaten
250 g Äpfel in Stücken
2 Eier
130 g Zucker
80 g Öl
180 g Apfelsaft
300 g Mehl
1 Pck. Backpulver
150 g Mandeln, gemahlen

Zubereitung
Alle Zutaten in den Mixtopf einwiegen und auf Stufe 5/ 1
Minute mixen. Ein Muffinblech mit Muffin Förmchen
auskleiden und die Mulden zu zwei Dritteln mit dem
Teig füllen. Bei 180 Grad 20 bis 25 Minuten backen.

Zitronen Cake-Pops

Zutaten

Kuchenteig
250 g Butter
180 g Zucker
1 Päckchen Vanillezucker
4 Eier
250 g Mehl
2 gestrichene TL Backpulver
abgerieben Schale von 2 unbehandelten Zitronen
2 EL Zitronensaft

Frosting
50 g Frischkäse
20 g weiche Butter
150 g Zucker 20 Sekunden
auf Stufe 10 zu Puderzucker mahlen
1 EL Zitronensaft
Lebensmittelfarbe nach Belieben
Holzspieße

Dekor
Kuvertüre nach Wahl
Streuzucker oder Zuckerdekor
Smarties oder Bonbons
nach Belieben

Zubereitung
Den Backofen auf 180 Grad Ober- und Unterhitze
vorheizen. Eine Backform mit etwas Butter einfetten. Es
werden zuerst die Zutaten für den Kuchenteig benötigt.
Eier, Butter und Zucker in den Mixtopf geben. Auf Stufe
5/ 30 Sekunden schaumig rühren. Nun die übrigen
Zutaten in den Mixtopf geben und auf Stufe 10 / 1
Minute luftig schlagen. Den Teig in die Kuchenform
geben und ca. 45 Minuten backen.
Lassen Sie den Kuchen nun erkalten. Jetzt die harten
Ränder abschneiden und den Kuchen in einer Schüssel
fein zerkrümeln. In den ausgespülten Mixtopf alle
Zutaten für das Frosting geben und auf Stufe 2/ 1 Minute
schlagen. Den zerkrümelten Teig kneten. Etwa eine
walnussgroße Menge Teig nehmen und flach drücken
(etwas in der Form, als wenn man Plätzchen mit einer

runden Form aussticht). In der Mitte des Teiges einen guten Esslöffel des Frostings geben und alles zu einer Kugel rollen. Die Kugeln für eine Stunde im Kühlschrank stellen. In der Zwischenzeit im Wasserbad die Kuvertüre schmelzen und die Dekor Artikel bereitstellen. Die Kugeln aus dem Kühlschrank nehmen und in jede Kugel ein Holzspieß stecken. Dann jede Kugel in die Kuvertüre tauchen. Die Schokolade kurz etwas fester werden lassen und dann in das gewünschte Dekor tauchen. Vor dem Verzehr noch mindestens eine Stunde im Kühlschrank aushärten lassen.

Orangen Cake-Pops

Zutaten

Kuchenteig
250 g Butter
180 g Zucker
1 Päckchen Vanillezucker
4 Eier
250 g Mehl
2 gestrichene TL Backpulver
abgerieben Schale von 2 unbehandelten Orangen
2 EL Orangensaft

Frosting
50 g Frischkäse
20 g weiche Butter
150 g Zucker 20 Sekunden
auf Stufe 10 zu Puderzucker mahlen
1 EL Orangensaft
Lebensmittelfarbe nach Belieben
Holzspieße

Dekor
Kuvertüre nach Wahl
Streuzucker oder Zuckerdekor
Smarties oder Bonbons
nach Belieben

Zubereitung

Den Backofen auf 180 Grad Ober- und Unterhitze vorheizen. Eine Backform mit etwas Butter einfetten. Es werden zuerst die Zutaten für den Kuchenteig benötigt. Eier, Butter und Zucker in den Mixtopf geben. Auf Stufe 5/ 30 Sekunden schaumig rühren. Nun die übrigen Zutaten in den Mixtopf geben und auf Stufe 10 / 1 Minute luftig schlagen. Den Teig in die Kuchenform geben und ca. 45 Minuten backen.

Lassen Sie den Kuchen nun erkalten. Jetzt die harten Ränder abschneiden und den Kuchen in einer Schüssel fein zerkrümeln. In den ausgespülten Mixtopf alle Zutaten für das Frosting geben und auf Stufe 2/ 1 Minute schlagen. Den zerkrümelten Teig kneten. Etwa eine walnussgroße Menge Teig nehmen und flach drücken (etwas in der Form, als wenn man Plätzchen mit einer runden Form aussticht). In der Mitte des Teiges einen guten Esslöffel des Frostings geben und alles zu einer Kugel rollen. Die Kugeln für eine Stunde im Kühlschrank stellen. In der Zwischenzeit im Wasserbad die Kuvertüre schmelzen und die Dekor Artikel bereitstellen. Die Kugeln aus dem Kühlschrank nehmen und in jede Kugel ein Holzspieß stecken. Dann jede Kugel in die Kuvertüre tauchen. Die Schokolade kurz etwas fester werden lassen und dann in das gewünschte Dekor tauchen. Vor dem Verzehr noch mindestens eine Stunde im Kühlschrank aushärten lassen.

Vanille Macarons

Zutaten
Macaronschalenteig
125 g gemahlene weiße Mandeln
150 g Puderzucker
100 g Zucker, fein
4 Eiweiße

Füllung
250 g Butter
Mark einer Vanilleschote
140 g Puderzucker
160 g Mandeln

Zubereitung
Wir beginnen mit den Macaronschalen.
Mandeln und Puderzucker in den Mixtopf geben und
nochmals auf Stufe 10/ 15 Sekunden mahlen. In eine
Schüssel umfüllen.
Den Topf reinigen. Den Schmetterling einsetzen und das
Eiweiß einfüllen. Auf Stufe 4/ ca. 2 Minuten steif
schlagen. Den Schmetterling entfernen. Nun die übrigen
Teigzutaten hinzugeben. Wer mag, kann noch ein paar
Tropfen Lebensmittelfarbe hinzugeben. Auf Stufe 2/ 15
Sekunden rühren. Die Masse in einem Spritzbeutel
umfüllen. Ein Backblech mit Backpapier belegen. Die
Masse portionsweise mit dem Spritzbeutel auf das Blech
setzen. Die Masse bei 150 Grad Umluft ca. 15 Minuten
backen. Die Schalen abkühlen lassen.

Füllung
Alle Zutaten für die Füllung in den sauberen Mixtopf
geben. Auf Stufe 5/ 30 Sekunden schlagen. Man braucht
eine Macaronschale als Oberteil und eine als Unterteil.
Die Schalen mit der Masse füllen und kaltstellen.

Erdbeere Macarons

Zutaten
Macaronschalenteig
125 g gemahlene weiße Mandeln
150 g Puderzucker
100 g Zucker, fein
4 Eiweiße

Füllung
250 g Butter
40 g Erdbeermarmelade
140 g Puderzucker
160 g Mandeln

Zubereitung
Wir beginnen mit den Macaronschalen.
Mandeln und Puderzucker in den Mixtopf geben und
nochmals auf Stufe 10/ 15 Sekunden mahlen. In eine
Schüssel umfüllen.
Den Topf reinigen. Den Schmetterling einsetzen und das
Eiweiß einfüllen. Auf Stufe 4/ ca. 2 Minuten steif
schlagen. Den Schmetterling entfernen. Nun die übrigen
Teigzutaten hinzugeben. Wer mag, kann noch ein paar
Tropfen Lebensmittelfarbe hinzugeben. Auf Stufe 2/ 15
Sekunden rühren. Die Masse in einem Spritzbeutel
umfüllen. Ein Backblech mit Backpapier belegen. Die
Masse portionsweise mit dem Spritzbeutel auf das Blech
setzen. Die Masse bei 150 Grad Umluft ca. 15 Minuten
backen. Die Schalen abkühlen lassen.

Füllung

Alle Zutaten für die Füllung in den sauberen Mixtopf geben. Auf Stufe 5/ 30 Sekunden schlagen. Man braucht eine Macaronschale als Oberteil und eine als Unterteil. Die Schalen mit der Masse füllen und kaltstellen.

Zarte Butterplätzchen

Zutaten
200 g weiche Butter
1 Pck. Vanillezucker
150 g Zucker
330 g Mehl
100 g Speisestärke
1 Ei
1 EL Zitronensaft

Verzierung
Nach Belieben, zum Beispiel Glasur,
Zuckerartikel, Schokoladenartikel

Zubereitung
Alle Teigzutaten in den Mixtopf geben. Auf Stufe 5/ 30
Sekunden mixen, danach auf Teigstufe 2 Minuten kneten.
1 Stunde in den Kühlschrank stellen. Auf eine mit Mehl
bestäubten Fläche ausrollen und Plätzchen ausstechen.
Auf ein mit Backpapier ausgelegtes Blech geben. Bei 180
Grad ca. 18 Minuten backen. Nach Belieben verzieren.

Double Chocolate Cookies

Zutaten
400 g Mehl
1 TL Salz
250 g weiche Butter
200 g Zucker
100 g brauner Zucker
2 TL Vanillezucker
2 Eier
150 g dunkle Schokolade
150 g weiße Schokolade

Zubereitung

Den weißen Zucker in den Mixtopf geben. Auf Stufe 10/ 20 Sekunden mahlen. Nun Mehl und Butter hinzugeben und nochmals auf Stufe 5/ 1 Minute mischen. Die übrigen Zutaten hinzufügen und auf Stufe 5/ 30 Sekunden mischen. Ein Backblech mit Backpapier belegen. Mit 2 Teelöffeln immer ein Löffelchen Teig auf das Papier geben. Etwas Abstand halten, da die Kleckse noch zerlaufen. Den Backofen auf 180 Grad Ober und Unterhitze einschalten. Das Backblech mit dem Teig hinein geben und ca. 15 Minuten backen. Auskühlen lassen.

Zitronen Cookies

Zutaten
390 g Mehl
1 TL Salz
250 g weiche Butter
200 g Zucker
100 g brauner Zucker
2 TL Vanillezucker
2 Eier
abgeriebene Schale einer Bio Zitrone
2 EL Zitronensaft

Zubereitung
Den weißen Zucker in den Mixtopf geben. Auf Stufe 10/
20 Sekunden mahlen. Nun Mehl und Butter hinzugeben
und nochmals auf Stufe 5/ 1 Minute mischen. Die
übrigen Zutaten hinzufügen und auf Stufe 5/ 30
Sekunden mischen. Ein Backblech mit Backpapier
belegen. Mit 2 Teelöffeln immer ein Löffelchen Teig auf
das Papier geben. Etwas Abstand halten, da die Kleckse
noch zerlaufen. Den Backofen auf 180 Grad Ober und
Unterhitze einschalten. Das Backblech mit dem Teig
hinein geben und ca. 15 Minuten backen. Auskühlen
lassen.

Sauerrahm Gebäck

Zutaten
Teig
200 g weiche Butter
300 g Mehl
100 g saure Sahne
1 Prise Salz
½ TL Zimt
1 Pck. Vanillezucker

Verzierung
Nach Belieben, zum Beispiel Glasur,
Zuckerartikel, Schokoladenartikel

Zubereitung
Alle Teigzutaten in den Mixtopf geben. Auf Stufe 5/ 30
Sekunden mixen, danach auf Teigstufe 2 Minuten kneten.
1 Stunde in den Kühlschrank stellen. Auf eine mit Mehl
bestäubten Fläche ausrollen und Plätzchen ausstechen.
Auf ein mit Backpapier ausgelegtes Blech geben. Bei 180
Grad ca. 18 Minuten backen. Nach Belieben verzieren.

Weiße Schokolade Himbeere Mohn Pralinen

Zutaten
600 g Weiße Schokolade
200 g Butter
20 g Sahne
100 g Himbeere Marmelade
50 g Mohn
30 g Kirschwasser

Zubereitung
Alle Zutaten in den Mixtopf geben und auf Stufe 5/ 1 Minute zerkleinern. Jetzt alles 6 Minuten/ 60 Grad/ Stufe 3 schmelzen. In Pralinenformen füllen und 2 Stunden kalt stellen. Guten Appetit!

Kokos Milch Pralinen

Zutaten
400 g Weiße Schokolade
200 g Milchmädchen
100 g Butter
20 g Sahne

Dekor
200 g Kokosraspeln zum Einrollen

Zubereitung
Alle Zutaten außer den Kokosraspeln in den Mixtopf
geben und auf Stufe 5/ 1 Minute zerkleinern. Jetzt alles 6
Minuten/ 60 Grad/ Stufe 3 schmelzen. 15 Minuten
kaltstellen. Aus der Masse kleine Kugeln formen und in
Kokosraspeln wälzen. Guten Appetit!

Dinkel Hafer Knäcke

Zutaten
130 g Dinkelmehl
130 g Haferflocken auf Stufe
10/ kurz 15 Sekunden mahlen
130 g Gemischte Körner nach Wahl
1 1/2 TL Meersalz, grob
50 g Olivenöl
400 g Wasser

Zubereitung
Alle Zutaten in den Mixtopf geben und auf Stufe 5/ 30
Sekunden mischen. Ein Backblech mit Backpapier
auskleiden und die Masse vorsichtig darauf verteilen.
Glatt streichen und 20 Minuten bei 180 Grad backen. In
Rechtecke schneiden und nochmals 20 Minuten backen.

Hefezopf

Zutaten
Teig
500 g Mehl
300g Wasser, handwarm
1 Würfel Hefe
80 g Zucker
3 Eier
60 g Butter
100 g Rosinen

Belag
50 g Hagelzucker
etwas Milch

Zubereitung
Alle Zutaten für den Teig in den Mixbecher geben und
auf Teigstufe 2 Minuten kneten. Aus den Mixtopf
nehmen und an einen warmen Ort 1 Stunde gehen lassen.
In drei Teilen schneiden und einen Zopf daraus formen.
Nochmals 20 Minuten gehen lassen. Mit etwas Milch
bestreiche und mit dem Zucker dekorieren. Etwa 40
Minuten bei 200 Grad backen.

Kürbiskernbrot

Zutaten
450 g Dinkelmehl
1 Päckchen Hefe
1 TL Salz
150 g Kürbiskerne
350 g Wasser lauwarm
1 TL Zucker
40 g Kürbiskernöl
1 Prise Muskat

Zubereitung

Das Wasser mit der Hefe und den Zucker in den Mixtopf geben und auf Stufe 4/ 30 Sekunden mischen. Nun die übrigen Zutaten hinzufügen. Auf Teigstufe 2 Minuten durchkneten. Eine Brotbackform einfetten und den Teig hinein geben. Eventuell noch mit ein paar Körnern bestreuen. Etwa eine Stunde bei 180 Grad backen.

Apfel Nuss Brot

Zutaten
600 g Äpfel, geviertelt
100 g Orangensaft
100 g Butter
3 Eier
1 Pck. Vanillezucker
100 g Zucker
500 g Weizenmehl
1 Pck. Backpulver
100 g Schokolade, gehackt
1 TL Zimt
200 g Haselnüsse

Zubereitung
Die Äpfel in den Mixtopf geben und auf Stufe 5/ 30 Sekunden zerkleinern. Nun die übrigen Zutaten einwiegen Auf Stufe 5/ 1 Minute mischen. Eine Kastenform einfetten, oder mit Backpapier auskleiden. Den Teig hinein geben. Bei 200 Grad ca. 1 Stunde backen.

Kartoffelbrot

Zutaten
350 g gekochte Kartoffeln,
1 Tl. Salz
1 Pck. Trockenhefe
1 TL Zucker
80 g Wasser
1 Prise Muskat
250 g Mehl
2 El Öl

Zubereitung
Die Kartoffeln müssen völlig kalt sein. In den Mixtopf
geben und auf Stufe 5/ 30 Sekunden zerkleinern. Die
übrigen Zutaten hinzugeben und auf Teigstufe 2 Minuten
kneten. Eine Kastenform einfetten und den Teig
hineindrücken. Eine Stunde an einen warmen Ort gehen
lassen. Den Backofen auf 180 Grad vorheizen und das
Brot ca. 1 Stunde backen.

Kartoffelkuchen

Zutaten
500 g Kartoffeln, geschält in Stücken
4 Zwiebeln, geschält
80 g Olivenöl
150 g Sahne
240 g Mehl
1 Pck. Backpulver
2 Eier
1 1/2 TL Salz
150 g Speckwürfel
1 Prise Muskat

Zubereitung
Alle Zutaten in den Mixtopf geben und erst 30 Sekunden/
Stufe 5, dann 2 Minuten auf Teigstufe glatt rühren. Den
Teig auf ein mit Backpapier ausgelegtes Bleck schütten
und ca.40 Minuten auf Ober- und Unterhitze bei 180
Grad backen.

Frühlings Pizza

Zutaten
Teig
400 g Mehl
20 g Hefe, frisch
200 ml Wasser, handwarm
½ TL Zucker
1 TL Salz
20 g Olivenöl
1 Prise Chili

Sauce
4 große Tomaten
1 TL Oregano
1 TL Zucker
1 Prise Salz
1 Prise Chili

Belag
1 rote Paprikaschote, in Streifen
1 gelbe Paprikaschote, in Streifen
1 grüne Paprikaschote, in Streifen
50 g Pilze, in Scheiben
100 g Edamer, geraspelt
1 Prise Oregano

Zubereitung

Wasser, Hefe und Zucker in den Mixtopf geben. Auf Stufe 5/ 15 Sekunden mischen. Nun die übrigen Teigzutaten hinzugeben und 15 Sekunden/ Stufe 10, danach 1 Minute auf Teigstufe kneten. Eine Schüssel mit etwas Mehl einstäuben und den Teig hinein geben. 30 Minuten gehen lassen. Ein Blech mit Backpapier auslegen und den Teig darauf ausrollen. Den Mixtopf spülen und die Zutaten für die Sauce hinein geben. Auf Stufe 5/ 30 Sekunden mixen. Die Sauce auf den Teig verteilen. Nun die übrigen Zutaten für den Belag auf den Teig geben. Bei 180 Grad ca. 35 Minuten backen.

Pizza mit Spinat und Schafskäse

Zutaten
Teig
200 g Mehl
50 g Gries, hart
10 g Hefe, frisch
160 ml Wasser, handwarm
½ TL Zucker
1 TL Salz
20 g Olivenöl

Sauce
4 große Tomaten
1 TL Oregano
1 TL Zucker
1 Prise Salz

Belag
100 g frischer Spinat, blanchiert
100 g Schafskäse, gewürfelt

Zubereitung
Wasser, Hefe und Zucker in den Mixtopf geben. Auf
Stufe 5/ 15 Sekunden mischen. Nun die übrigen
Teigzutaten hinzugeben und 15 Sekunden/ Stufe 10,
danach 1 Minute auf Teigstufe kneten. Eine Schüssel mit
etwas Mehl einstäuben und den Teig hinein geben. 30
Minuten gehen lassen. Ein Blech mit Backpapier
auslegen und den Teig darauf ausrollen. Den Mixtopf
spülen und die Zutaten für die Sauce hinein geben. Auf
Stufe 5/ 30 Sekunden mixen. Die Sauce auf den Teig
verteilen. Nun die übrigen Zutaten für den Belag auf den
Teig geben. Bei 180 Grad ca. 35 Minuten backen.

Pizza Venezia

Zutaten
Teig
400 g Mehl
20 g Hefe, frisch
200 ml Wasser, handwarm
½ TL Zucker
1 TL Salz
20 g Olivenöl
1 Prise Chili

Sauce
4 große Tomaten
1 TL Oregano
1 TL Zucker
1 Prise Salz
1 Prise Chili

Belag
60 g Salami, in Scheiben
60 g Schinken, in feinen Streifen
100 g Käse nach Wahl, geraspelt

Zubereitung

Wasser, Hefe und Zucker in den Mixtopf geben. Auf Stufe 5/ 15 Sekunden mischen. Nun die übrigen Teigzutaten hinzugeben und 15 Sekunden/ Stufe 10, danach 1 Minute auf Teigstufe kneten. Eine Schüssel mit etwas Mehl einstäuben und den Teig hinein geben. 30 Minuten gehen lassen. Ein Blech mit Backpapier auslegen und den Teig darauf ausrollen. Den Mixtopf spülen und die Zutaten für die Sauce hinein geben. Auf Stufe 5/ 30 Sekunden mixen. Die Sauce auf den Teig verteilen. Nun die übrigen Zutaten für den Belag auf den Teig geben. Bei 180 Grad ca. 35 Minuten backen.

Pizza Kugeln

Zutaten
300 g Mehl
1 Würfel Hefe
250 g Speisequark
100 ml Milch lauwarm
30 g Öl
1 TL Salz
1 EL Zucker
100 g Röstzwiebeln
125 g Schinkenwürfel
100 g geriebener Käse

Zubereitung
Die Milch mit dem Zucker und der Hefe in den Mixtopf
geben und 10 Sekunden/ Stufe 5. Nun die übrigen
Zutaten hinein geben und 2 Minuten auf Brotstufe kneten.
Den Teig 30 Minuten gehen lassen. Ein Backblech mit
Backpapier auskleiden. Den Teig zu kleinen Kugeln
formen und nochmals 30 Minuten gehen lassen. Bei 180
Grad ca. 20 bis 25 Minuten backen.

Quark Puffer

Zutaten
250 g Quark
60 g Mehl
2 Eier
50 g Zucker
1 Pck. Vanillezucker
1 Prise Zimt
Öl zum ausbacken

Zubereitung
Alle Zutaten in den Mixtopf geben und auf Stufe 5/ 1
Minute mixen.
Etwas Öl in eine Pfanne geben und heiß werden lassen.
Die Puffer nach und nach ausbacken.

Blaubeere Ricotta Pfannkuchen

Zutaten
300 g Mehl
1 TL Backpulver
1 Pck. Vanillezucker
1 Prise Salz
4 EL braunen Zucker
4 Eier
280 g Milch
100 g Butter
240 g Ricotta
250 g Blaubeeren

Zubereitung
Alle Zutaten außer den Blaubeeren in den Mixtopf geben und 1 Minute/ Stufe 5 vermischen. In einer Pfanne öl erhitzen. Etwas Teig hinein geben und mit Blaubeeren bestreuen. Wenden und genießen.

Milchreis

Zutaten
1 l Milch
200 g Milchreis
40 g Butter
1 Päckchen Vanillezucker
50 g Zucker
1 Prise Salz

Zubereitung
Alle Zutaten in den Mixtopf geben und auf 90 Grad/
Stufe 1/ 40 Minuten garen. Nochmals 20 Minuten quellen
lassen und genießen.

Haselnusspudding

Zutaten
500 g Milch
1 Eigelb
60 g Zucker
70 g Haselnüsse gemahlen
40 g Speisestärke
eine Prise Zimt
1 Pck. Vanillezucker

Zubereitung
Alle Zutaten zusammen in den Mixtopf geben und bei 90 Grad
auf Stufe 1/ 9 Minuten erhitzen. Fertig ist der Pudding.

Süße Habanero Sauce

Zutaten
60 g Habanero Chili, entkernt
1 rote Paprikaschote
1 gelbe Paprikaschote
1 Tomate
240 g Weißweinessig
1 TL Salz
2 EL Zucker

Zubereitung
Alle Zutaten in den Mixtopf geben. Auf Stufe 5 / 20
Sekunden mischen. Auf Stufe 2/ 100 Grad/ 15 Minuten
kochen. In saubere Gläser füllen und im Kühlschrank
aufbewahren.

Grüne Paprika Sauce

Zutaten
Schoten von 3 grünen Paprikas
200 g Weißweinessig
1 TL Salz
2 EL Zucker
2 Knoblauchzehen zerdrückt

Zubereitung
Alle Zutaten in den Mixtopf geben. Auf Stufe 5 / 20
Sekunden mischen. Auf Stufe 2/ 100 Grad/ 15 Minuten
kochen. In saubere Gläser füllen und im Kühlschrank
aufbewahren.

BBQ Sauce

Zutaten
2 Tuben Tomatenmark
500 g Wasser
2 EL Flüssigrauch
200 g Weinessig
2 EL Zucker
1 Prise Salz
1 Prise schwarzer Pfeffer
1 EL Honig

Zubereitung
Alle Zutaten in den Mixtopf geben. Auf Stufe 5 / 20
Sekunden mischen. Auf Stufe 2/ 100 Grad/ 17 Minuten
kochen. In saubere Gläser füllen und im Kühlschrank
aufbewahren.

Zitronen Curd

Zutaten
4 Eier
120 g Butter
400 g Zucker
140 g Kondensmilch
Saft einer Zitrone
Abgeriebene Schale einer
Bio Zitrone

Zutaten
Alle Zutaten in den Mixtopf geben und ca. 20 Minuten /
90 Grad / Stufe 2 eindicken lassen. Die Masse umfüllen
und im Kühlschrank aufbewahren.

Bananen Curd

Zutaten
4 Eier
120 g Butter
400 g Zucker
140 g Kondensmilch
50 g Bananenmilch Pulver

Zutaten
Alle Zutaten in den Mixtopf geben und ca. 20 Minuten /
90 Grad / Stufe 2 eindicken lassen. Die Masse umfüllen
und im Kühlschrank aufbewahren.

Johannisbeere Curd

Zutaten
4 Eier
120 g Butter
400 g Zucker
140 g Kondensmilch
50 g Johannisbeere Marmelade

Zutaten
Alle Zutaten in den Mixtopf geben und ca. 20 Minuten /
90 Grad / Stufe 2 eindicken lassen. Die Masse umfüllen
und im Kühlschrank aufbewahren.

Waldmeister Curd

Zutaten
4 Eier
120 g Butter
400 g Zucker
120 g Kondensmilch
50 g Waldmeistersirup

Zutaten
Alle Zutaten in den Mixtopf geben und ca. 20 Minuten /
90 Grad / Stufe 2 eindicken lassen. Die Masse umfüllen
und im Kühlschrank aufbewahren.

Chili Schokoladen Curd

Zutaten
4 Eier
200 g Butter
30 g Sahne
400 g Zucker
140 g Kondensmilch
1 Prise Chili
1 Prise Pfeffer
100 g Kakaopulver
50 g Schokostreusel

Zutaten
Alle Zutaten in den Mixtopf geben und ca. 20 Minuten /
90 Grad / Stufe 2 eindicken lassen. Die Masse umfüllen
und im Kühlschrank aufbewahren.

Himbeere Bananen Marmelade

Zutaten
300 g Bananen
500 g Gelierzucker 1:2
700 g Himbeeren aufgetaut
1 Prise Zimt

Zubereitung
Das Obst in den Mixtopf geben. Auf Stufe 5 / 2 Minuten zerkleinern. Nun den Gelierzucker in den Topf schütten. Jetzt ca. 17 Minuten / 100 Grad / Stufe 2. Jetzt kann die Leckerei umgefüllt werden. Die Gläser vorsichtshalber auf den Kopf stellen.

Avocado Aprikosen Marmelade

Zutaten
300 g Avocadomark
500 g Gelierzucker 1:2
700 g Aprikosen entsteint

Zubereitung
Das Obst in den Mixtopf geben. Auf Stufe 5 / 2 Minuten
zerkleinern. Nun den Gelierzucker in den Topf schütten.
Jetzt ca. 17 Minuten / 100 Grad / Stufe 2. Jetzt kann die
Leckerei umgefüllt werden. Die Gläser vorsichtshalber
auf den Kopf stellen.

Granatapfel Rotwein Marmelade

Zutaten
300 g Rotwein
500 g Gelierzucker 1:2
700 g Granatapfelfleisch
aus der Schale gelöst
1 Prise Zimt

Zubereitung
Das Obst und Zimt in den Mixtopf geben. Auf Stufe 5 / 2
Minuten zerkleinern. Nun den Gelierzucker in den Topf
schütten.
Jetzt ca. 17 Minuten / 100 Grad / Stufe 2. Jetzt kann die
Leckerei umgefüllt werden. Die Gläser vorsichtshalber
auf den Kopf stellen.

Schoko Kirsch Marmelade

Zutaten
300 g Schokostreusel
500 g Gelierzucker 1:2
800 g Kirschen gewaschen
und entsteint
1 Prise Zimt

Zubereitung
Das Obst in den Mixtopf geben. Auf Stufe 5 / 2 Minuten
zerkleinern. Nun den Gelierzucker in den Topf schütten.
Jetzt ca. 17 Minuten / 100 Grad / Stufe 2. Nun die
Schokostreusel einfüllen und 5 Sekunden / Stufe 1. Jetzt
kann die Leckerei umgefüllt werden. Die Gläser
vorsichtshalber auf den Kopf stellen.

Erdbeere Eierlikör Marmelade

Zutaten
700 g Erdbeeren
70 g Eierlikör
250 g Gelierzucker 3:1
Mark einer Vanilleschote

Zubereitung
Das Obst in den Mixtopf geben und 30 Sekunden / Stufe
4 zerkleinern. Nun die übrigen Zutaten einfügen.
Nochmals kurz für 15 Sekunden auf Stufe 5 gut
vermischen. Auf Stufe 1 / 100 Grad / 18 Minuten kochen.
Die Marmelade kann abgefüllt werden.

Weißwein Gelee

Zutaten
700 g Weißwein (trocken)
500 g Gelierzucker 2 plus 1
10 g Zitronensaft

Zubereitung
Die Zutaten in den Mixtopf füllen und 30 Sekunden /
Stufe 5 mischen. Dann auf 100 Grad / Stufe 2 / ca. 19
Minuten kochen. Zwischendurch mal eine Gelierprobe
machen und umfüllen.

Apfel Gelee

Zutaten
700 g Apfelsaft
500 g Gelierzucker 2:1
1 TL Zimt

Zubereitung
Die Zutaten in den Mixtopf füllen und 30 Sekunden /
Stufe 5 mischen. Dann auf 100 Grad / Stufe 2 / ca. 19
Minuten kochen. Zwischendurch mal eine Gelierprobe
machen und umfüllen. Wichtig ist es, das alles richtig
durchkocht, der Zucker muss sich lösen.

Tomaten Basilikum Gelee

Zutaten
700 g Tomatensaft
50 g Basilikum frisch
1 Knoblauchzehe
1 Prise Pfeffer
500 g Gelierzucker 2:1

Zubereitung
Die Zutaten in den Mixtopf füllen und 30 Sekunden /
Stufe 5 mischen. Dann auf 100 Grad / Stufe 2 / ca. 19
Minuten kochen. Zwischendurch mal eine Gelierprobe
machen und umfüllen. Wichtig ist es, das alles richtig
durchkocht, der Zucker muss sich lösen.

Eierpunsch

Zutaten
100 g Zucker
100 g Wasser
Saft einer Zitrone
400 g Weißwein trocken
3 Eier

Zubereitung
Alle Zutaten in den Mixtopf geben und 8 Minuten/ Stufe
4/ 80 Grad erwärmen. Umfüllen und genießen.

Nachtrag zum Impressum/

Copyright

Fotos
Shutterstock.com

Herstellung und Verlag:
BoD - Books on Demand, Norderstedt
ISBN 978-3-7347-8359-3